Andrés Cisnegro

Llegada del Malnacido
Undesirable Arrival

Translated into English by Christopher Perkins

artepoética press

Colección
Rambla de Mar

Nueva York, 2022

Llegada del Malnacido / Undesirable Arrival

ISBN-13: 978-1-952336-12-6
ISBN-10: 1-952336-12-0

Design: © Carlos Velasquez Torres
Cover & Image: ©Jhon Aguasaco
Editor in chief: Carlos Velasquez Torres
E-mail: carlos@artepoetica.com
Mail: 38-38 215 Place, Bayside, NY 11361, USA.

© Llegada del Malnacido /Undesirable Arrival, 2022 Andrés Cisneros
© Llegada del Malnacido /Undesirable Arrival, 2022 for this edition
Artepoética Press

Andrés Cisnegro

Llegada del Malnacido
Undesirable Arrival

Translated into English by Christopher Perkins

Colección
Rambla de Mar

Contenido / Contents

Prólogo

Conjuro para mantener unidos los fragmentos de un territorio que está a punto del colapso, *Llegada del malnacido* es también desgarrada diatriba, responso por los restos de un país que ya no quiere ser herida abierta, convocatoria para aplicar bálsamos a la realidad, desechando efectos analgésicos y exigiendo la más astringente función curativa del verbo, pues "el lenguaje es medicina", como dijo la poeta chamana María Sabina.

Cisnego restituye a la poesía contenidos sociales de evidente trascendencia que no suelen, sin embargo, abundar en la literatura actual de México. Labor de lírica indignación ante un tiempo en el que vesánicos individuos guardan en formol cabezas de mujeres inmoladas, profusa invectiva ante niños impuestos como dioses para reinar sobre naciones oprimidas. Este libro resulta necesario en un panorama de expresiones que, por someterse a la corrección política, eluden tocar la llaga que duele a todas las conciencias cuando les es revelada una verdad abrasiva: "La revolución postergada siempre has sido tú".

Jorge Pech

Prologue

Conjured to hold together the fragments of a territory that is about to collapse, *Undesirable Arrival* is too a torn diatribe, a eulogy for the remains of a country that no longer wants to be an open wound. It is a call to put some balm on reality, to discard numbing agents, and to demand the most rigorous healing aspect of the verb. As the shaman poet Maria Sabina said, "language is medicine."

Cisnegro restores social context that has clear importance to poetry, but this quality is not commonly seen in the literature that is being written today in Mexico. *Undesirable Arrival* is a work of lyrical outrage at a time when demented individuals keep the heads of women who were sacrificed in formaldehyde, a lush tirade in front of children who are given the duty to pose as gods and reign over oppressed nations. This book is needed in a society that adheres to political correctness in order to avoid touching the gaping wound that pains everybody in society when an abrasive truth is revealed: "The postponed revolution has always been in you."

Jorge Pech

Hay algo, algo de fin del mundo que el poeta convoca cuando escribe desde el vértigo urbano con imágenes colectivas de destrucción. No sólo representaciones pictóricas, el millón de manos, el petróleo rojo de sangre, sino denuncias de grafía precisa, contundentes como la indiferencia colectiva ante la violación y asesinatos de la mitad de la población, las mujeres que paren y construyen, viven y se desplazan con una fuerza de atlanta que desafía el peso de un orbe de indiferencia. El efecto, en Llegada del Malnacido, subyace en cada verso una desbocada gana de decir que no hay justicia en el mundo, pero el poeta resistirá como pueblo que aguanta.

El Malnacido es quien dejó de temerle a la muerte en prácticas comunes de aprendizaje de la vida, nos revela Andrés Cisnegro desde los primeros poemas de este libro. Es quien compartió monedas de chocolate, quien ha mirado la trasmutación de una mariposa, y aún espera el vuelo del fénix desde la entraña de lo que se hace bello contra la fuerza de quien impone modelos de belleza. El poeta que encarna al Malnacido va al encuentro, se desplaza del lugar común, reinventa el viaje de Jasón, clama en el desierto que le devuelvan su país, blasfema borracho de bilis y dolor contra el estómago vacío que es el corazón de su cuerpo territorio. Como un náufrago en un mar de pecios que impiden que quien navega indiferente vea a un ser humano atado a un madero, grita, reúne, aglomera una fuerza colectiva que los hace flotar, prometiendo que la fiesta volverá, los timbales alegrarán los oídos de la gente, la esperanza se hará concreto modo de ser, siempre y cuando se le plante cara al poderoso.

El poeta que protagoniza los versos de *Llegada del Malnacido* no canta una estética rarefacta, sino metáforas que recuerdan las necesidades vitales, la urgencia de sobrevivir, la premura de transformar las concretas realidades de opresión, desdén, abandono que convocan a la muerte. Se

There is something—end-of-the-world kind of stuff—that the poet summons when he writes from urban vertigo with collective images of destruction. There are not only pictorial representations, the million hands, fresh blood oil, but also the denunciations of precise lexicon, which are compelling just like the collective apathy toward the rape and murder of half the population, women who give birth and build, women who live and move with an Atlantan strength that defies the weight of an apathetic world. Each verse in Undesirable Arrival creates the effect of an unfettered desire to say that there is no justice in the world, and yet the poet will continue to resist just like the people who hang on.

From the first poems of this book, Andrés Cisnegro reveals to us that the Undesirable is the one who stops the daily practice of fearing death and starts learning how to live life. It is the Undesirable one who shared the chocolate coins, who has looked at the transmutation of a butterfly, and, still, he awaits the flight of the phoenix from the bowels of what will become beautiful while up against the force of those who impose models of beauty. The poet encounters the Undesirable and embodies him. Displaced from common ground, the blasphemer poet, drunk on bile and suffering from tummy aches due to an empty stomach, which is at the heart of his embodied poetic territory, reimagines Jason's journey, and he cries out in the desert, "give me my country back." Among the wreckage, the apathetic sailors cannot see the castaway, a human being clinging to a log. The castaway shouts, gathers, and mounts a collective force that keeps the wreckage afloat, promising that the celebration will come back, that the kettledrums will please people's ears, that hope will become a concrete way of being just as long as one stands up to those in power.

The poet who takes center stage in the verses of *Undesirable Arrival* does not sing a rarefied aesthetic, but instead he conjures metaphors that recall our basic needs, our need to survive, our urgency to transform the concrete

aferra a la descripción de cómo una cultura que ha olvidado la compasión sólo recupera la dignidad si acepta ver que sus muertos son árboles que van hacia el mar y si reconoce que a sus actos se los llevará el viento aunque siga siendo necesario sentir tristeza cuando se tiene más que los otros. El poeta es un Malnacido cuyo manto ciñe una cabeza de rizos en cascada, una voz que se sacude los ruidos serviles.

Francesca Gargallo Celentani
Ciudad de México,
9 de diciembre de 2017

realities of oppression and disdain, and our neglect begs for death. He holds onto the description about how a culture has forgotten compassion only to reclaim dignity—if we agree to see that our deaths are trees that move toward the sea, and only if we recognize that our actions will be carried away by the wind even though it is still necessary to continue feeling sadness when we have more than others. The poet is an Undesirable whose mantle wraps around a head of cascading curls, a voice that shakes off menial sounds.

Francesca Gargallo Celentani
Mexico City,
December 9, 2017

Para quién.

To whom it may concern.

Resentimientos de la nación

∞

Ahora que nos encontramos
reunidos en esta cámara
que es el poema, preparémonos
para lanzar la personal fragata
antes de que se hunda el barco
en el mar de la memoria.
Somos mucho más que un millón de manos
las que saben, México fue desmembrado.
Porque nacimos condenados, lo sabemos,
zurcidos a las amarras de la historia,
sujetos al tanque de oxígeno del lenguaje.
Amarrados a la boya de un náufrago.
Con monedas de chocolate aprendimos
que el dinero es un bien común
y porque de nadie es el viento,
cada quien administra el aire
según el ritmo de los pulmones
para cantar un espontáneo himno de guerra.

∞

Porque una noche en medio de la nada
vimos que la muerte es un capullo
que se va abriendo igual que ojo
hasta que su túnica igual que velo
se vuelve mariposa. Y es entonces,
que dejamos de temer la vida.

The Nation's Grievances

∞

Now that we stand
gathered in this chamber
that is the poem, let's get ready
to throw the warship operators
overboard before the ship sinks
into a sea of memory.
We are much more than the million hands
who know that Mexico has been butchered.
Because we were born damned, we are familiar,
hemmed to history's shackles,
subject to the oxygen tank of language.
Moored to a shipwrecked buoy.
With chocolate coins we learned
that money is a common good
and because nobody owns the wind,
each person administers the air
according to the rhythm of his lungs
while singing a spontaneous battle cry.

∞

Because one night in the wilderness
we saw that death is a bud
that blooms like an eye
until its robe is a veil
that becomes a butterfly. And it was not until then
that we stopped fearing life.

a

Abandono la espera, madre ausente.
No vendrás, pero yo me alcanzaré,
a donde sea que se haya ido mi tiempo,
lo alcanzaré. Dejo la esperanza
en la carta que escribí a los que esperan:
deja atrás el futuro y olvida morir a diario.
No hay fin común. Coincidimos.
Todos viajamos al mismo sitio,
pero cada río es en sí otra ruta.
La libertad no es un bien general
sino el fruto de una lucha única.

a

I deserted the wait, missing mother.
You are not coming, but I will catch up.
Wherever my time has gone,
I will catch up. I left hope
in the letter that I wrote to those who are waiting:
leave behind the future and never mind your daily death.
There is no common purpose. We co-exist.
We all travel to the same place,
but each river is in itself another path.
Freedom is not a common good
but only the fruit of a unique struggle.

b

Alcanzo a percibir lo que entre mis manos late
porque un estómago vacío es el corazón de México
una flor sin pétalos. El ser no es destino,
sino ruta, y que cada quien deje vestigio
de los nombres que ocupó su camino,
piedras para trazar el puente que lento
se hundió en el lago.
       Tantos nombres como alcance la vida.
Para que cuando nos crucemos en la senda
podamos saludarnos: *mexe mextli.*
te reconozco, te acepto, te respeto.
Aquí se cruza nuestro camino, aquí se divide:
      mexe, mextli.

b

I can sense what beats between my hands
because an empty stomach is the heart of Mexico,
a flower without petals. Being is not destiny,
but only a path, and all leave a trace
of the names that occupied the way.
Stones line the bridge that slowly
sank into the lake.
      There are as many names as there is life.
So, when we cross on the path,
we can say hello to each other: *mexe mextli.*
I recognize you, I accept you, I respect you.
Here our paths cross, here they divide:
      mexe, mextli.

c

México se ahogó en un charco
de petróleo rojo. Pero los pueblos
permanecemos en pie. México
es una casa que remodelaron
para venderla al doble de precio.
Club de fin de semana para cazadores
de extrañas especies de la lengua.
México: que se queden el nombre
su patente masona, su copyright iluminista.
Antes de ellos ya estaban los pueblos.
Y después de ellos permanecerán.

C

Mexico drowned in a puddle
of blood oil. But we the people
remain standing in place. Mexico
is a house that they remodeled
to sell for twice the price.
A weekend club for hunters
who look for strange species in language.
Mexico: let them keep the name,
its masonic patent, its enlightened copyright.
Before them, the people were here.
And after them, the people will remain.

d

Y cuando comience otra vez el juego
si van a construir estadios,
sean estadios para la poesía
y se llenen de música y danza;
año nuevo en la tierra.
Que los días aciagos zapotecos
y todos los de todas las lenguas
llenen, colmen, desborden;
que baile el sol sobre la charola
y sus frutas sobre nuestra cabeza.
Que caiga borracha la luz
y nos bañe con su leche de sal.
Que los estadios se llenen de poesía
y nunca más de pobreza.

d

And when the game starts again
if they build stadiums,
let them be stadiums for poetry
and filled with music and dance;
a new year on earth.
Let the dark Zapotecan days
and those of every tongue
fill, heap, spill over;
let the sun dance on a tray
and its fruits atop our heads.
Let the drunken light fall
and bathe us with its salty milk.
Let the stadiums fill with poetry
and never again with poverty.

e

Deja de temerle al poderoso y dale la cara.
Su poder solo vibra para que le temas.
No lo necesitas para estar sujeto.
¿No son campesinos los que aplastan campesinos?
¿Mujeres las que pisan mujeres?
¿Hombres los que matan hombres?
No le temas al poderoso; teme el día
en que a tus manos llegue el poder,
y ocupes sólo tu fuerza, para que te teman.

e

Stop fearing the powerful and face them.
His power only vibrates to scare you.
You do not need him to be subjugated.
Don't peasants crush other peasants?
Don't women crush other women?
Don't men kill other men?
Do not fear the powerful; fear the day
when power reaches your hands,
and you only concern yourself with power,

/so that they fear you.

f

Haz tu crimen consciente.
No robes a tu hermano.
No acrecientes la pobreza de los pobres.
No apuntes tu pistola en la cabeza
del recién nacido junto a tu casa de adobe.
Que tu crimen sea una auténtica obra.
Amputa las manos del príncipe.
Arranca la corona al futuro rey
y fúndela en alianzas para el pueblo.
Y si tienes el coraje, cuando tengas
al niño que impondrán como dios
en tus manos, libéralo, enséñalo
a ser pueblo, que aprenda el difícil arte
      de vivir sin reino.

f

Commit your crime mindfully.
Do not steal from your brother.
Do not increase the poverty of the poor.
Do not point your gun to the head
of the newborn near your adobe house.
Make your crime an authentic creation.
Amputate the prince's hands.
Snatch the future king's crown
and melt it into an alliance with the people.
And if you have the courage when you have
the baby that they will treat like a god
put into your hands, free him, teach him
to be of the people, let him learn the difficult art
          of living without a kingdom.

g

México es un cadáver,
pero de sus llagas los pueblos fluyen.
Porque el pueblo no es donde naces,
sino lo que puedes hacer
con lo poco que naciste.
Yo no tengo país, soy pueblo.

g

Mexico is a corpse,
but from its wounds the people flow.
Because the people are not where you were born,
but what you can do
with the little you were born with.
I have no country. I am the *pueblo*.

Último 16 de septiembre

Llevo por sombrilla una nube negra
y cargo una corona de lluvia.
Camino sediento al corazón cercado
de la que fue mi ciudad un día.
Y como en una marcha fúnebre
canto un himno triste, y cargo
un grito ahogado dentro del féretro
de mi garganta, el cadáver
del que fue mi mundo una noche.
Yo me despido desde el margen
de un centro cercado, de esta misma nación
que una tarde fue mía, y con el deseo
aún niño, pido bajito, "devuélvanme mi país",
mientras el cortejo luctuoso se rompe
en campanadas y fuegos artificiales.

Last September 16th

I use a dark cloud for my umbrella,
and I carry a crown of rain.
I thirstily walk into the hedged heart
that once was my hometown.
And like a funeral march
I sing a sad hymn, and I carry
a suppressed cry inside the coffin
of my throat, the cadaver
that was my world one night.
I say goodbye from the margin
of an enclosed center, of this same nation
that one afternoon was mine, and with the desire
of a mere boy, I ask under my breath,
                              /"give me my country back,"
as the mourning procession breaks
into bells and fireworks.

Rituales laicos

Se nos muere la gente y la enterramos.
La cubrimos de musgo, la ponemos
en una cuna negra y cantamos
un poema para que las flores
le traigan de vuelta a la vida.

Nuestros muertos son árboles
que van hacia el mar.

Secular rituals

People die and we bury them.
We cover them in moss, put them
in a black crib, and sing
a poem so that the flowers can
bring the people back to life.

Our deaths are trees
that move toward the sea.

El río cambia] *cada instante es otro río* [.
Pero en sequía la vida le abandona
lo deja a la deriva hasta que alguien ocupa
la ruta de su cuerpo para volverlo al cauce
de la lluvia, de la sangre. Porque no hay
otra sangre, toda sangre es mar.

The river changes] each moment reveals another river [.
But life abandons it in drought
leaving it to drift until somebody takes
the body's path and returns it to the channel
of rain, of blood. Because there is no
other blood, all blood is ocean.

La revolución postergada siempre has sido tú.

The postponed revolution has always been in you.

Gramática del infinito

En la poesía no hay verbo,
hay ejemplo. No hay objetos directos
sino interlocutores. Hay diálogo.

Los artículos dudan si unen o dividen,
y las oraciones no son peticiones o demandas,
acusaciones o transbordes, sino ramas
cerebrales dentro de la lógica de todo
lo que hay y donde todo lo que es,
transcurre coordinada mente
sin que nada sea subordinado.

Aquí el sentido es una caída
que asciende y parece la danza
de una espiral. Una palabra
que no se detiene y se transforma
en la que la consigue; morfemas
que son materia, sintaxis que es velocidad:
la vibración profunda que mantiene
junto el léxico en el cuerpo estelar
de un instante que en el trayecto evoluciona.

Caudal de lo que implota o explota,
de lo que se contrae o expande,
más allá del ruido: gerundio
en plural que estira por todos
sus lados la manta dorada
de las serpentinas. Una fiesta
en donde cada loco baila
con la misma noche.

Boundless Grammar

In poetry there is no verb.
There are examples. There are no direct objects,
only interlocutors. There is dialogue.

The articles doubt whether they unite or divide,
and sentences are not petitions or demands,
accusations or transfers, but cerebral
branches within the logic of everything
that exists and everything that is
takes place in coordinated mind
without anything being subordinated.

Here meaning is a fall
that rises and appears as the dance
of a spiral. A word that does
not stop and transforms itself
into what it can; morphemes
are the stuff, syntax the speed:
the deep vibration is the linchpin
holding together the lexicon in the stellar body
of a moment in its evolutionary journey.

The stream of what implodes or explodes,
of what contracts or expands,
beyond noise: the gerund
in the plural expands on all
sides the golden blanket
of the streamers. A *fiesta*
where each lunatic dances
with the lone night.

Gramática generativa en la que cabe
todo en la misma foto satelital de este instante.

Esta es la gramática de lo que se desordena
en una impresionante armonía.
De lo caótico y su orden extraño.

Generative grammar, the totality of everything
within one instant satellite photo.

This is the grammar of what is messed up
in one stunning harmony.
Of the chaotic and its strange order.

El terror es un poema vacío

¿Quiénes son los pobres?
Los niños sobrevivientes a un ataque aéreo.
Los que de entre un montón de cadáveres,
brotaron hiedra. Los que hace quinientos
o cien; hace veinte años o un par de días atrás
perdieron piso y se derrumbaron entre piedras
sobre un charco de sangre
sin los muros de un par de brazos
sin la estrella de un beso en la frente.
Los que se adiestraron en la Ira,
aunque los rescatistas les hayan tratado
de enseñar el perdón y a asumir
que los empleadores no son malos
y sólo buscan lo mejor para todos
] que nunca se queden sin trabajo [
ellos, los pobres, los pinches jodidos
sin estudios, estúpidos porque tiemblan
porque no saben hablar inglés
los analfabetos que sólo balbucean
un llanto a modo de risa y gritan:
"vida nada te debo vida, vida estamos en paz"
"llegaremos al fin, pero a nuestra manera",
cantan los pobres, mientras un corrido
en la troca del sobrino de trece años
a unos kilómetros de Pénjamo
cuna del decapitado Hidalgo
con coros de metralletas suena en un cassette:
"Una vez muerto Obama que gobierne
los *Unaited Steits*, Carlos Santana".
Sounds desong, sounds depoem
y en la pared de un banco una acción poética

Terror Is an Empty Poem

Who are the poor?
The surviving children of an airstrike.
From those among a pile of dead bodies,
ivy sprouted. What five hundred
or a hundred; twenty years ago or a few days ago,
they lost ground and collapsed between stones
over a pool of blood
without the walls of a pair arms,
without the star of a kiss on the forehead.
Those who were trained in Ire,
even if the rescuers tried
to teach forgiveness and to assume
that employers are not bad,
and they only want the best for everyone
] never to be left without work [
they, the poor, the fucking damned,
the uneducated, fools because they tremble,
because they do not speak English,
the illiterate who only stammer
a cry mixed with laughter and shout:
"Life, I owe you nothing. Life, we are even."
"We will finally arrive, but in our own way."
This is what the poor sing while *ranchera* plays on
in their thirteen-year-old cousin's truck
a few kilometers from Pénjamo
birthplace of the decapitated Hidalgo
with choirs of machine guns rat-a-tatting through
/the cassette player:
"Once you're dead Obama who governs
the *Unaited Steits*, Carlos Santana."
Sounds desong, sounds depoem
and on a bank's wall a poetic act

47

reza: "Somos una nación zombi
y haremos un holocausto gringo,
arre, cabrones, que somos
mexicanos al grito de guerra".

¿Quiénes son los pobres?
La definición de la ONU es: terroristas.
porque *desearían* a Peña Nieto muerto
a Vicente Fox despedazado
a Salinas de Gortari sin orejas ni ojos
y George Bush enterrado vivo
a Clinton hecho puré de caca
y la cabeza de Obama en la mesa de su madre.

Terroristas porque cuando aúllan
viva México, en realidad claman
"Coatilicue, ven con tu machete
a cortar los malos frutos de la siembra".
El terror del pobre no es su propia muerte,
sino la de su familia. El terror del indiferente
es el temor a morir. El terror del indiferente
es el miedo por una guerra lejana. El terror
del pobre es tener que aprender la guerra.

Alguien toca tu puerta. ¿Será una pistola?
¿Será una bomba de mano?
¿El ojete que viene a torturar tu familia?
Alguien toca tu puerta con un misil.
Tal vez sobreviva tu boca.
Tal vez sobreviva tu pie.
¿Qué dirán tus dientes negros de pólvora?
¿A quién pateará tu pie sin uñas ni pellejo?

recites: "We are a zombie nation
and we are waging a gringo holocaust.
Giddy up, bastards, we are
Mexicans heeding the battle cry."

Who are the poor?
The UN's definition: terrorists.
because *they wish* Peña Nieto dead,
Vicente Fox torn to pieces,
Salinas de Gortari earless, eyeless,
and George Bush buried alive,
Clinton turned into a shit purée,
and Obama's head served on his mother's table.

Terrorists, they're called, because when they howl,
long live Mexico, they are really crying,
"Coatilicue, come with your machete
and cut off the rotten fruit from the harvest."
The terror of the poor is not their own death
but only that of their family. The terror of the indifferent
is the fear of dying. The terror of indifferent
is the fear of a distant war. The terror
of the poor is having to learn warfare.

Somebody knocks at your door. Will there be a gun?
Will there be a hand grenade?
An asshole who comes to torture your family?
Somebody knocks at your door with a missile.
Maybe your mouth will survive.
Maybe your feet will survive.
What will your teeth blacken with gunpowder say?
Who will kick your skinless, toenail-less feet?

Define pobre.

Montón de quijadas mudas.
Leña. Carbón. Cascajo.
Fruta podrida. Cochambre.

El terror es el silencio en medio
de la plaza en tu frente.

Vivimos a pesar del terror.
Vivir es terrorífico
cuando el mundo es ajeno.
Hostil, un campo minado.
Una ciudad a punto siempre
de ser destruida.
Donde los hogares son trampas
para la fauna nociva.
Y te dan el cianuro en el pan
de todos los días.

Donde vivir es un error
amar es otra forma de muerte.

Por eso te nombrarán terrorista
cuando renuncies a un patrimonio.
Te robarán cada segundo de vida.
Te tratarán cual ladrón
porque debes todavía esos zapatos.
Y el sueño y cada tortilla grabada
con la palabra PAZ como luna.
Y ellos vendrán a salvarte de la guerra.
Te enseñarán a sonreír junto al cadáver
despedazado de tus amigos.

Define poor.

A bunch of mute jaws.
Firewood. Coal. Rubble.
Rotten fruit. Filth.

Terror is silence in the middle
of the plaza on your forehead.

We live in spite of the terror.
To live is terrifying
when the world is alien.
Hostile, a minefield.
A city always on the verge
of being destroyed.
Where homes are traps
for noxious fauna.
And they give you cyanide
every day with your bread.

Where living is a mistake and
loving is another form of death.

That is why they will call you a terrorist
when you renounce your heritage.
They will rob every second of life from you.
They will treat you like a thief
because you still owe for those shoes.
And the dream and every tortilla etched
with the word PEACE like the moon.
And they will be coming to save you from the war.
They will teach you how to smile next to
your friends' bodies that are torn to pieces.

Te convencerán de que su casa es tu casa.
Te cazarán con la belleza de una escopeta.
Te volarán los sesos con una guitarra *grunge*.
Te violarán mientras tus hijos se ladran entre ellos.

Vivir es terrorífico cuando nadie hace nada
por una persona que tropieza a plena luz.
Terrorífico es no poder hacer nada por el que cae.
Terrorífico es que te encuentres este poema
en plena calle, y cambies la página.

They will convince you that their house is your house.
They will hunt you down with the beauty of a rifle.
They will blow your brains out with a *grunge* guitar.
They will rape you while your kids yap among them.

To live is terrifying when nobody does anything
for a person who stumbles in plain sight.
Terrifying is not being unable to do anything for those who fall.
Terrifying is that you might find yourself in this poem
in the middle of the street, and you turn the page.

Tercera persona

Los descolonizadores son el terror vivo
para el Universo que se consolida con Hegel.
Ah, pero ya lo había dicho Foucault, no lo digas.
Ya lo habían dicho Dussel, González Rojo.
Ya lo han dicho. No lo digas.

*

Ella es lanzada fuera de la tierra.
Con su familia vuelta ceniza
en un diminuto costal gris.
Será perseguida hasta que borren
el último vestigio de su lengua.

*

Virar el engranaje
que mueve el molino de tu cerebro,
abrirlo con un serrucho
para cortar el tronco del absurdo
y en el espiral de la herida
en el desangre circular
en el ojo que es la historia
volver pólvora el pan
pan la palabra
la palabra, vórtice.

Third Person

The decolonizers are the living terror
for the Universe that consolidated with Hegel.
Ah, but Foucault already said that. You don't have to.
It was already said by Dussel, González Rojo.
They already mentioned it. You don't have to.

*

She is cast out upon the earth.
With her family turning to ash
in a tiny gray bag.
She will be prosecuted until they eradicate
the last trace of her tongue.

*

Turn the gears
that move the mill of your mind,
open it with a handsaw
and carve out the trunk of absurdity
and within the coil of the wound
in the circular bloodshed,
in the eye that is history
turn bread into gunpowder,
the word into bread,
the word, vortex.

*

No es que no nos importe el otro.
El otro es una puerta a los monstruos lejanos de la muerte.
A los asesinos del deseo, raíz del temor.
No es el otro el asesino, eres tú
listo para destrozarlo.
Yo no es el otro.

*

It is not that we do not care about the other.
The other is a gateway to the distant monsters of dead.
To the assassins of desire, the root of fear.
The other is not the assassin; it is you
to tear them apart.
I is not the other.

En una maleta cabe el futuro de tu madre

En México una mujer es violada
cada tres minutos. En 87 países
las mujeres asumen que su cuerpo
es propiedad del Estado
porque es ilegal decidir lo contrario.

Diez niñas vivirán sin clítoris
a partir de este instante.
Pero el maestro del taller afirma
que no es necesario escribir sobre un tema
del que ya se ha escrito ejemplarmente.
Aunque ejemplarmente sigan cometiéndose
cotidianos los mismos atropellos.
La misma historia.

Por ejemplo, sabía usted
que ocho de cada diez poetas inmola
            a una mujer en su poema.
La prende en la hoguera del verso libre.
La chamusca en el pozo de la luna.
La llama, se la roba del terceto de otro poeta
igual que una lámpara de aceite, la guarda
para sus caprichos. La muele
            en el mortero de la magia
para realizar su propio molde
y obtener una madre
dispuesta a cumplir
sus deseos.

Your Mother's Future Fits into a Suitcase

In Mexico a woman is raped
every three minutes. In 87 countries
women accept that their bodies
are property of the State
because it is illegal to decide otherwise.

Ten girls will begin living without a clitoris
as of now.
But the workshop teacher argues
that it is not necessary to write about an issue
that has already been covered in an exemplary manner.
Even if these same atrocities are committed
in an exemplary fashion every day.
The same story.

For example, you know
that eight out of ten poets sacrifice
        a woman in their poems.
Turned in the fire of free verse.
Scorched in the pit of the moon.
He steals the flame from another poet's tercet,
and just like an oil lamp he guards her
for his own whims. He grinds her
        in the mortar of magic
to fit her into his own mold
so that he gets a mother
willing to satisfy
his desires.

La incluye en su inventario
de actualizaciones para Windows
y mejora cada vez a detalle su eficiencia.
Construye una Eva más roja, más violenta.

El poeta se erige pequeño dios;
poca imaginación para un superdotado.
Y mientras escuchamos este poema
y él jubiloso administra su reino de cosas,
      567 mil mujeres
      han sido ultrajadas.

Pero declara su aversión al amarillismo.
Mujeres ponen de moda un lenguaje
que guiará al niño hacia un adecuado gobierno.
Ahora mismo en Alaska quebrantan
a una bebé recién nacida y la cortan
en la mitad, para el placer de algún dios dorado.
Mientras, yo les digo este poema inútil
sobre cosas ya rebasadas por las y los poetas
que nos hacen ver evolucionados
en sus poemas, *oh hermosos humanos,*
y que al igual que un político
nos hablan de lo bien que le va
a los ricos más ricos del mundo
y que representan a México.

*

Los órganos de una mujer
      ] menos su cabeza y manos [
encontraron en una maleta abandonada
en el andén.
Hoy serán cremados a las seis de la tarde.
Si alguien no ha visto a su hija o madre desde ayer

He includes her in his inventory
of Windows updates,
and every time it improves her efficiency.
He makes a redder, more violent Eve.

The poet erects himself as a small god,
lacking in imagination for a genius.
And while we hear this poem
and while he jubilantly administers his reign over things,
      567 thousand women
        have been abused.

But the poet declares his aversion to yellow journalism.
Women keep a language current
that will guide the child towards an appropriate government.
Right now in Alaska they are violating
a newborn and cutting her
in half for the pleasure of some golden god.
Meanwhile, I orate this useless poem
about things already left behind by poets,
which make them look evolved
in their poems, *oh beautiful humans*,
and just like politicians
they tell us how well it is going
for the rich, the world's richest,
and that they represent Mexico.

*

The organs of a woman
      ] except her head and arms [
were found in a deserted suitcase
on the platform.
Today they will be cremated at six o'clock this evening.
If somebody has not seen their daughter or mother
                        /since yesterday,

si alguien se reconoce en este cuerpo desmembrado
venga a la fosa común para donarle su cabeza
y las huellas digitales de sus manos
para darle identidad a la desconocida.

Pero un poeta que mata a su "criada"
igual que Salinas de Gortari mató a la suya
y otros fieles al caníbal de la Guerrero
escriben nuevo guion a la poesía mexicana.

Sé que estamos en un poema
y es un momento pésimo para realizar una encuesta,
pero *¿a quién le cree usted?*
al que es libre gracias a la ley
o a la cabeza de ojos muertos, muda
de una mujer a la que ningún juez
le devolverá sus manos.

¿A quién le cree usted?

No es tu hermana, no es tu madre,
no es tu hija, ni es tu otrora beldad,
no es nada. Ella es alguien que no importa.
Es menos que nadie, solo trozos de chicha
—escena de un crimen con fecha de caducidad—
ausencia que no vale para ti, ni para nadie,
sólo para el triste wey que ahora posee
y guarda en formol su cabeza y sus manos.

if somebody recognizes themselves in this dismembered
/corpse,
come to this mass grave and return her head
and her fingerprints
so that we can give identity to the unknown.

But poets who kill their "maid"
just like Salinas de Gortari killed his own
and others faithful to the cannibal in Guerrero—
they write a new script for Mexican poetry.

I know that we are in a poem,
and it is a rotten moment to inquire,
but *who do you think you are?*
He who is free thanks the law,
or thanks those with dead eyes who are in charge, a mute
woman for whom no judge
will return her hands.

Who do you think you are?

She is not your sister, and she is not your mother,
and she is not of your daugther, and she is not any of your
/former beauties.
She is nothing. She is nobody of any importance.
She is less than nobody, just chunks of meat
—a crime scene with an expiration date—
her absence means nothing to you, meaningless to everybody,
except for the sad dude who now possesses
and guards her head and her hands in formaldehyde.

Petalea en su tumba el condenado a muerte

Que mi tatarabuela permaneciera
al lado del tatarabuelo,
no hizo de nuestra familia
un mejor lugar para vivir.

Que el abuelo abandonara
a tu abuela no alteró
en lo más mínimo
la fiesta del pueblo.

Que la madre de Slim
dejara a media noche la casa
del esposo, no ha hecho
del mundo un lugar mejor.

Que la madre de Hitler
diera la vida por su hijo
no volvió la realidad
más apta para las mujeres.

Que un padre transfiriera
la dureza de un semental
a su hija, no convirtió
la tierra en un lugar más justo.

Que Freud te diera pistas
del mecanismo aproximado del mal,
no te quitó lo pendejo.

Kicking at One's Grave Sentenced to Death

The fact that my great grandma stayed
at my great grandpa's side
didn't make our family
a better place to live.

The fact that grandpa abandoned
your grandma didn't alter
in the slightest
the people's party.

The fact that Slim's mother
in the middle of the night
left her husband has not made
the world a better place.

The fact that Hilter's mother
gave her life for her son
didn't make reality
any better for women.

The fact that a father transferred
the toughness of a stallion
to his daughter didn't turn
the earth into a more just place.

The fact that Freud gave you clues
to the approximate mechanism of evil
doesn't make you less of a dumbass.

Haz lo que debas hacer.
No te quedes con tinta
en el tintero. Hagas lo que hagas
el acto es una flor destinada a brillar
un instante y luego ennegrecer.

Ni en piedra permanece lo bueno.
Ni por muy mala que *sea*
la palabra será trascendente.

La sangre de una orquídea es blanca
y fluye por la vena del tallo
para nutrir la nervadura
cuando se orlen los sépalos.

Los asesinos de Trosky o Lenon
no hubieran sido mejores personas
por no jalar el gatillo. Tampoco Villa.
Zapata, Che o Dalton habrían
sido mejores hombres
apoltronados en su casa.

Temes que te borre una ola gigante
o que te trague la tierra
pero no temes a que el tiempo
cierre la tapa de su ataúd
y te apriete con su arena.

Temes que tus hijos olviden las caricias
y los sacrificios, o que tus amores
de tu vida no recuerden
el acto heroico de tu sexo
y aquella noche que reparaste
el bóiler bajo la lluvia.

Do what you must do.
Don't use up all the ink
in the inkwell. No matter what you do
the act is a flower destined to shine
for a moment and then blacken.

Not even stone retains the good.
However bad *it may be*,
the word will not transcend.

The blood from an orchid is white,
and it flows through the stem's vein
to nourish the nervous system
when it smells the petals.

The assassins of Trotsky and Lennon
wouldn't have been better people
for not pulling the trigger. Neither would Villa.
Zapata, Che or Dalton would have
been better men
all curled up in their houses.

You fear being erased by a giant wave
or getting swallowed by the earth,
but you don't fear that time
will close the lid of its coffin,
and squeeze you with its sand.

You are afraid that your children will forget the caresses
and the sacrifices, or that the lover
in your life will not remember
the heroic act of your sex
or the night you fixed
the boiler in the rain.

Haz lo que debas. El acto
es una flor destinada a brillar
un segundo y luego a desaparecer.

Ni buenas ni malas las cosas perduran.
Porque los monumentos son reverencias
a la parálisis erecta que provoca el miedo,
al instante en que entiendes
lo que significa el caos que se desata
cuando una flor muere.

Haz lo que puedas.

De igual modo llegará la lluvia,
te cocerá la tierra, te olvidará el desierto.
De igual modo te llevará el viento.

Do what you must do. The act
is a flower destined to shine
for a second and then disappear.

Neither good nor bad things last.
Because monuments pay homage
to the erect paralysis that provokes fear,
that's the moment you understand
what kind of chaos is unleashed
when a flower dies.

Do what you can.

In this same way, the rain will come,
the earth will roast you, the desert will forget you.
In this same way, the wind will take you.

Posdata petaleante

Ahora dime el nombre de tu tatarabuela.
La canción favorita del abuelo.
Si es verdad que Slim tuvo madre.
O si la madre de Hittler no intentó
ahogarlo en la bañera. Dame
el nombre de la primera mujer
en convertirse en milico.
Asegúrame que Voltaire era bueno,
demuéstrame que Napoleón malo.
¿De verdad has visto sangrar una flor?
Seguro sabes dónde nació Trosky.
El porqué de su asesino. ¿Sabes
si John Lenon le mentía a Yoko?
¿Sabes el nombre de los hijos de Villa,
el nombre de la esposa de Zapata?
¿Has leído un poema de Dalton?
¿O sólo conoces la versión
de Gael García del Che?
¿Sabes si tus progenitores
te hicieron con amor o con odio,
o si eres un tronco torcido
y no quieres verlo, o un árbol
derechito con el destino dictado?

¿Realmente importa
que cuando mueras
alguien recoja el vacío
que deja tu flor?

Petalkicker Postscript

Now tell me the name of your great grandma.
Your grandpa's favorite song.
If it is true that Slim has a mother.
Or if Hitler's mother never tried
to drown him in the bathtub. Give me
the name of the first woman
to become a soldier.
Assure me that Voltaire was good.
Prove to me that Napoleon was bad.
Have you ever really seen a flower bleed?
Certainly you know where Trotsky was born.
The reason for his assassination. Do you know
if John Lennon lied to Yoko?
Do you know the names of Villa's children,
the name of Zapata's wife?
Have you read a poem by Dalton?
Or do you only know the version of Che
by Gael García?
Do you know if your progenitors
made you with love or with hate,
or if you are a twisted stump
and don't want to see it, or a tree,
straight, with its fated destiny?

Does it really matter
that when you die
somebody will pick up the void
left by your flower?

La mala educación

Escena del crimen, investigación cuatro.
El peritaje deduce que lo violaron
entre cinco hombres, con tubos;
lo encadenaron, le cortaron
el dedo índice, le arrancaron los testículos
y los colocaron cual helado
en el cono de su boca.
Luego le prendieron fuego.
El expediente dice que se llama Braulio.
Su familia llora afuera,
pero no hay pistas para atrapar a nadie.
Uno de ellos tiene la palanca grande
en la policía
y todos miran hacia otro lado.
La esposa del Braulio en vez de matar al asesino
con la pistola que guarda en la guantera
cuando los ve salir de la estación de policía
se da un balazo en la cabeza.

      Porque no es de ciudadanos decentes
cobrar venganza.

Bad Education

Crime scene, fourth investigation.
The expert opinion is that around five men
raped him with pipes;
they chained him, cut off
his index finger, ripped off his testicles
and placed them like ice cream scoops
in the cone of his mouth.
Then, they set him on fire.
The file says that his name is Braulio.
His family cries outside,
but there are no clues to apprehend anybody.
One of them has a big thumb
on the police
and so they look the other way.
Braulio's wife instead of killing the murderer
when she sees him leave the police station
with the gun that she keeps in the glove compartment
shoots her own head off.
          Because decent citizens
do not get revenge.

Dicen la poesía es todo lo que nos rodea

Dicen que la poesía es
todo lo que nos rodea.
Que la poesía está en cada cosa.
En todos los amaneceres.
Que la poesía es lo que
permanece incluso
después de las palabras.

Así, la poesía está
en lo que va mutando.

Qué sucede si un poema
no logra mostrar de cerca
a una niña su padre.

Mostrarle entre los espejos
al niño la similitud
con sus hermanas.

Si el poema no cambia
la forma de ver el amanecer
de sentir la noche
o entender lo mortal.

Si no rompe algo, el poema
y no logra abrir la herida,
entonces, el poema muere.
Y queda el canto de los pájaros
] que pían en la boca cerrada
silenciosos y solos [.

They Say Poetry Is All Around Us

They say that poetry is
all around us.
That poetry is in all things.
In every sunrise.
That poetry is what
remains even
after the words.

Like that, poetry is
in what mutates.

What happens if a poem
fails to show a young girl
her father up close.

To show among mirrors
a child his likeness
to his sisters.

If the poem does not change
the way we look at the sunrise
to feel the night
or understand mortality.

If nothing breaks and the poem
fails to open the wound,
then, the poem dies.
And the bird's song is all that is left
] chirping in your closed mouth
silent and alone [.

Dime. ¿Para qué sirve un poema?
¿Para reafirmar el mundo
o para transformarlo?

Si lo reafirmas, lentamente
te irás transformando en él.

Si lo transformas, el mundo
lentamente se irá transformando en ti.

Dime. Transcribir, o ser el poema.

Tell me. What is a poem good for?
To reaffirm the world
or to transform it?

If you reaffirm it, slowly
you will become transformed by it.

If you transform it, the world
will slowly become transformed by you.

Tell me. To transcribe, or to be the poem.

¿Será más inmenso el cosmos
en su totalidad que en sus partes?

Será superior la madre al hijo.
El hijo a la madre.
La hija al hijo, el padre a la hermana.
El maestro al alumno. El cazador a la presa.
¿Será real la supremacía del rico sobre el pobre?
¿del fuerte sobre el débil,
de la cultura del conocimiento
sobre la cultura de la ignorancia?
¿Serán verdaderamente superiores
los seres vivos a los seres muertos?
Los animales a la plantas.
Las plantas al aire.

¿Será la parte superior al todo?
¿Será el todo superior a sus partes?

¿Será el cielo solo espacio
que divide a uno del otro?

Mira, alguien a la distancia
en lo invisible de tus ojos
hace de tu cuerpo
un armazón de palabras.
Alguien mortal como tú.
te sostiene en la duda.
Hablo de las cosas que he
considerado dignas de no repetirse
y por eso las volví secreto
                    sangrado
        en el humus del olvido.

Will the Cosmos Be More Immense
in its entirety or in its parts?

A mother will be greater than her child.
A son greater than his mother.
A daughter greater than the son, the father greater than
his sister.
The teacher greater than the student. The hunter greater
/than the prey.
Will the supremacy of the rich over the poor be real?
Of the strong over the weak,
of the culture of knowledge
over the culture of ignorance?
Will living beings really be
greater than the dead?
The animals greater than the plants.
The plants greater than the air.

Will the part be greater to the whole?
Will the whole be greater to the parts?

Will heaven only be a space
that divides one from the other?

Look, somebody in the distance
invisible to your eyes
takes your body
as a scaffolding of words.
Somebody mortal like you
kept in the dark.
I *speak of things that I have*
considered worthy enough not to be repeated,
and that is why I turned them into a secret
bleeding
inside the humus of oblivion.

Ahora quiero soltarlas al espacio abierto del que oye
exponerme frente a ese espacio sidéreo.
Asumir el peso de la verdad
frente al púlpito laico de los desconocidos.

Entre los niños nunca logré comprender
por qué no podían jugar lo que yo quería.
Los odié por jugar entre ellos absortos,
juegos que no entendí, que aún no entiendo.

Supongo nací con cierta glándula
de la sonrisa atrofiada,
o en algún escalón la dejé
cuando de cabeza conocí el cielo.

La enfermedad creció y tiempo después
comencé a pensar podía cambiar el rededor
con solo pensarlo suficiente.
Asumí total al pensamiento.
Jugué con una niña a competir
y en mi afán de vencer, la tumbé al suelo.
Intenté levantarla pero sus ojos no volvieron
a verme igual. Más ridículo fue pensar
que merecía por eso el látigo
de las miradas por todos los tiempos
] como si pudiera pagar la culpa
en mensualidades [. Hundí ese miedo
en la cabeza del culpable
y se volcó en dobles intenciones,
en caminos ocultos. En extrañas formas
        de decir *soy real.*

Now I want to release them into open space that listens,
exposing myself to this sidereal space.
Assume the brunt of the truth
in front of the secular pulpit of strangers.

Among kids I never managed to understand
why they could not play my way.
I hated them for playing among themselves self-absorbed,
games that I did not understand, that I still do not understand.

I guess I was born with a certain gland
for an atrophied smile,
or I left it on some stepladder
when headfirst I met the sky.

The sickness grew and sometime later
I began to think I could change the surroundings
just by thinking about them enough.
I assumed thought entirely.
I played competitively with a girl,
and in my eagerness to win, I knocked her to the ground.
I tried to pick her up, but her eyes wouldn't meet
me in the same way. It was absurd to think
that I deserved staring
scourges for the rest of time
] as if I could pay with guilt
in monthly installments [. I sank this fear
into the head of the offender,
and it turned into double intentions
on hidden paths. They are strange ways
of saying, *I am real*.

Gracioso es intentar un secreto se desvanezca
y no parezca misterio la estúpida verdad.
Pensar que eso que llaman poesía
es un ataque honesto, sin belleza.
Una confesión de cosas
que no valdría revelar a nadie.
Oportuno es compartir con todos.
Porque en el silencio las cosas
se vuelven pústulas eternas.
Y yo necesito estar aquí.
Necesito verdaderamente
estar aquí, en este instante.

Voltear a ver y descubrir
que les interesa un comino
qué hacemos aquí, ¿han venido
a pagar la deuda que de niños
les impusieron cual nombre?

Sin vuelta de hoja
ese niño con odio era yo.

No hay absolución, no hay pecado
no hay redención en estas palabras.
Es solo la mínima libertad del poema
otra que no la de la Francia Revolucionaria
o la Grecia Filosófica, no la de Lincoln ni Juárez.
Una mínima, porque no es del mismo modo para todos
y no podemos vivir en libertad ajena.
La verdad es un instante que no hace libre a nadie
pero ayuda a entender por dónde erramos.
No es una forma de retroceder
porque retroceder es repetir el camino.

Funny thing trying to make a secret vanish,
and the silly truth does not seem mysterious.
To think that what they call poetry
is an honest attack, without beauty.
A confession of things
that wouldn't be worth revealing to anybody.
It's a timely thing to share with everybody.
Because in silence, things
become eternal pimples.
And I need to be here.
I truly need to
be here, in this moment.

Turn around to see and discover
that they don't give a rat's ass
about what we are doing here: have you come
to pay the debt that they instilled
in the names of children?

With no two ways about it
that hateful boy was me.

There is no absolution, there is no sin,
there is no redemption in these words.
It is only a bit of poetic license,
another that is neither of the Revolutionary France
nor of Philosophical Greece, nor of Lincoln or Juárez.
Onlly a bit because there is no one way for everybody,
and we cannot live in somebody else's freedom.
The truth is a moment doesn't free anybody,
but it helps us understand our failures.
It is not a way of going back
because returning is to repeat the same path.

No retrocedas hermana, hermano.
Saber no libera, pero ayuda a seguir luchando.
] El súper hombre ha muerto y ha renacido
en millones de sombras clonadas y difusas [.

No retrocedas hermano, hermana.
La verdad dura un segundo y no libera,
pero ayuda a seguir buscando.

Do not go back, sister, brother.
Knowledge does not make you free, but it helps you to keep
/on fighting.
] The superman has died, and he has been reborn
in millions of cloned and diffused shadows [.

Do not go back brother, sister.
The truth lasts one second and does not liberate you,
but it helps you to keep on searching.

Legía para un 2 de pubre

] *en que unos cumplen años y otros piden justicia*
en la tumba de un poeta [

El poeta se atraganta de palabras
porque logró vender mil trecientos versos
al mejor postor —qué más da otra raya al tigre.

Cuánta quietud hay en el mundo,
que nos machaca en su mortero
de mierda. Repetimos nuestra rabiata
contra un poder ciego, y profesamos
un sexto sol; pero damos clases
de historia a los más jóvenes, y en vez de locos
les ensañamos a ser ciudadanos modelo;
ecuánimes conocedores del destino
inmutable de los pobres. Quietos,
como el marco de cualquier pintura.
Tratando de no olvidar cuál
fue el nombre que nos determinó
con puras buenas intenciones,
              un mal día.

¿No es lo que te asedia?
Lo incapaces que somos
de conocer quién es el culpable
de nuestras acciones estériles.

El problema no es la memoria, sino saber
a quién le cortaremos la cabeza.

Legion for an October 2nd

] *where some have birthdays, others seek justice*
in a poet's tomb [

The poet chokes on words
because he could sell one thousand three hundred verses
to the highest bidder—what more would give another
/stripe to the tiger.

How much stillness exists in the world,
which crushes us in its mortar
of shit. We repeat our rage
against a blind power, and we profess
a sixth sun; but we give history
classes to the youngest, and instead of being lunatics
we teach them to be model citizens;
even-tempered knowers of the unchangeable
destiny for the poor. They are unmoved
like the frame of any painting.
Trying to not forget what
was the name that determined us
with purely good intentions,
        a bad day.

Isn't this what plagues you?
How incapable we are
of waking up to who the culprit is
of our sterile actions.

The problem is not with memory, but rather knowing
for whom we will cut off our heads.

II

Lo supiste desde el principio: uno es el que sofistica
su propia cárcel. Uno es el que propone mejorar
                                    /la ley de esclavitud.
] ¿Sabías que para el materialismo no somos cosas,
                                    /sino procesos?
Somos el proceso en el proceso del proceso
en un castillo que Kafka entrevió una noche
en la cárcel de sus sueños, donde su padre
con una escopeta le dispara en el rostro
para hacerlo despertar en medio de un juicio
iniciado por un rey tuerto, asesino de mujeres
que hurtó la fórmula para que los niños
se mantengan quietos a la hora de la comida [.

            No te lamentes, televidente,
cuando un día *algo* invisible te triture la matriz
                                    /o los testículos.

La indiferencia no radica en hacer como que escuchamos
las palabras, sino en escucharlas y tararear
una canción para que desaparezcan.
Por eso los que saludan desde el palco,
se encargan de que padezcamos insomnio
y las pesadillas se concreten en la calle.

Nosotros somos la tumba de aquellos desconocidos;
el cadáver de sus sombras, la sombra de su sombra,
todas las palabras que se hundieron en el silencio
de Jacobo Zabludovski aquellos días. Somos
todo lo que tú ahora no estás haciendo ni harás.
Es difícil darle la espalda al mundo para estar solos.

II

You knew it from the beginning: one polishes
one's own jail cell. One proposes improving the law
/of slavery.
] Did you know that materialism sees us not as stuff but
/rather processes?
We are the process in the process of the process
in a castle that Kafka glimpsed one night
in the prison of his dreams where his father
shot him in the face with a shotgun
to make him wake up in the middle of a trial
initiated by a one-eyed king, a murderer of women
who stole the formula to ensure children
stay quiet during mealtime [.

Do not be sorry, TV viewer,
when one day *something* invisible shreds your womb or
/your testicles.
Indifference lies not in pretending that we are listening
to words but only in hearing and humming
a song so that they disappear.
That's why they greet us from the balcony;
they oversee our insomniac suffering
and the nightmares on the streets concrete.

We are the grave of those strangers;
the corpse of their shadows, the shadow of their shadow,
all the words that sank into the silence
of Jacobo Zabludovsky in those days. We're
everything that you aren't doing now, what you'll never do.

Por eso preferimos acompañarnos en secreto,
aunque el aire pese como un sepulcro
que todos nuestros muertos llueven.

Y nos preocupamos, por una pinche piedra en la bota.
Mejor destroza tus pies, mejor anda descalzo.

It's hard to turn your back on the world to be alone.
That's why we prefer to go together in secret,
even if the air weighs on us like a tomb
and all our dead rain on us.

And we worry about one measly rock in our boot.
It's better to shatter your feet. It's better I walk barefoot.

Oración contra el mal gobierno

Este hogar es autónomo,
no aceptamos el mal gobierno
ni otras sectas.

Huevo de la excrecencia,
hijo nulo, te pisamos,
tu cara será borrada.
Esta tierra no es tuya,
todo pertenece a nadie.
Expulsado estás
del trono de la palabra
porque tu Ley pesó siempre
y ahora la desconocemos.
Se retira tu nombre
de los muros virtuales y de las bardas,
a donde asomes
estarán las minas
que exploten tu espacio,
bajo techos y plazas,
en pensamiento y obra
se retira la investidura
que se te dio como poder
porque no obedeceremos
a quien vende
lo que no es suyo.

Nada te pertenece.
Más vale entiendas
aquí no vales y no serás recibido;
la puerta está cerrada
a tus botas y a tus perros,

Prayer Against Bad Government

> *This home is autonomous;*
> *we don't accept this bad government*
> *or other sects.*

Egg of the extrusion,
invalid son, we step on you;
your face will be erased.
This land is not yours;
everything belongs to nobody.
You are expelled
from the throne of the word
because your Law always weighed heavy on us,
and now we do not recognize it.
Your name is withdrawn
from the virtual walls and from the perimeter fencing;
wherever you are
there will be mines
that explode your space
beneath roofs and plazas;
in thought and labor
we negate your inaugural robes
that were given to you like power
because we will not obey
whomever sells
what is not theirs.

Nothing belongs to you.
You better understand
here you are worthless, and you won't be received.
The door is closed
to your boots and your dogs;

las bestias que vil
has envenenado,
se levantarán para despedazarte.
Esta tierra tampoco nos pertenece,
hijo nulo, te pisamos.
No nos cercarán tus ladrillos,
porque aquí todas las piedras
son cal para tu fosa.

the beasts whom
you have despicably poisoned
will rise up to rip you apart.
This land does not belong to us either,
invalid son; we step on you.
Your bricks will not fence us in
because here all the stones
are lime for your grave.

Llegada del mal nacido

Nunca tuve un amor incondicional.
Mi madre desde el principio
me fue ensañando a luchar
con la mirada por una caricia,
a trabajar con lágrimas por un abrazo.
A pelear con la sonrisa un beso.
Nunca me dio gota de leche
sin la enseñanza pura de buscar,
inconforme entre sus senos,
un manantial más brillante.

Mi padre me enseñó a no recibir
reconocimiento alguno,
a entender que el fruto del trabajo
y el esfuerzo, aunque se mastique
en multitud, es un acto solitario;
un gozo que no puede disfrutarse
dos veces del mismo modo.
Una tristeza ácida que contiene
la dicha del jugo, igual
que lo amargo de la cáscara.

A saber que la aceptación es un espejismo,
me enseñó mi padre con su indiferencia.
Darle la mano abierta a un desconocido
a una desconocida, intenté. Y supe entonces,
que nunca se vuelve uno menos solo
y no se ahorra un gramo de dolor.
Que el pozo de las emociones no se llena
ni se vacía, únicamente se abre o cierra.

Undesirable Arrival

I never had an unconditional love.
From the beginning my mother
taught me to struggle
for a caress with my gaze,
to work with tears for a hug.
To fight with the smile for a kiss.
She never gave me a drop of milk
without having me fight for it,
disgruntled between her breast,
a more intense spring.

My father taught me not to accept
any recognition whatsoever,
to understand that the fruits of labor
and effort is a solitary act
even if a crowd bites;
a delight that cannot be enjoyed
twice in the same way.
A sour sadness contains
the bliss of juice just
as bitter as the peel.

To know that acceptance is a mirage
is what my father taught me with his indifference.
Give an open palm to a John Doe
or Jane Doe. I tried. And I knew right then
that no one ever becomes less lonely,
and no one saves an ounce of pain.
That the well of emotions neither fills
nor empties, but only opens or closes.

A preparar mi alimento una noche entre las sombras
en lo alto de una cascada de piedra, experimenté.
Vi que de mi pecho brotaron tres palabras
con las que formé un color para la lumbre,
que iluminó las hierbas de un modo distinto.

Pero ningún embrujo tampoco puede
realizarse del mismo modo dos veces.
Descubrí que nada se repite.
Que todo está pasando, vertiginoso,
y que nuestra mente cada vez se abre menos
para engullir las exquisitas moscas
endulzadas con sangre de la fruta.

Y mientras dormía, empezaron
a cerrarse las hojas de mi corazón.

Preparing my meal one night among the shadows
on top of a stone waterfall, I experienced.
I saw three words spring from my chest,
out of which I made a color for the fire,
lighting the herbs in a distinct way.

But no spell can
be carried out twice in the same way.
I discovered that nothing repeats itself.
That everything is happening, dizzying,
and that our mind opens less every time
to devour the exquisite flies
sweetened by the blood of fruit.

And while I was sleeping, the leaves
of my heart began to close.

Nací despadrado y desmadrado.
Y muchas veces aprendí a depositar
mi corazón en una boca vacía.
Porque no supe vencerme.
Porque también me rendí
al embeleso de un acto vacío.
Y no supe reconocer una sonrisa.
Cuando nací nadie me esperaba.
Solo el ruido de los aparatos electrodomésticos
para sumarse a mis preguntas y a la luz.
Cuando llegué a este mundo fue
como si nunca nadie hubiese llegado.
Como si todo estuviera completo.
Y la primera enseñanza fue
que si quería estar aquí
tenía que entender que eso
a todos les importa un pelo.

Nací en la cuna de una clase
que fue sometida por el confort,
el trabajo y la promesa de acceder
a un cielo con circuito cerrado
y alta tecnología, ganar una curul
para opinar quién vive y quién muere.
La familia de la que nací fue aniquilada
por el índice de un ideal;
porque nací muerto
porque el dictamen de la historia
dedujo que vine para servir de esclavo.

Porque nací con tendencia a jorobarme y no fui elegido.
Mi oblación fue pactada aquella lejana noche
con los infinitos niños de la muerte

I Was Born with No Father and No Mother.
And many times I learned to put
my heart into an empty mouth.
Because I didn't know how to conquer myself.
Because I too surrendered
to the rapture of an empty act.
And I didn't know how to recognize a smile.
When I was born, nobody was waiting for me.
Only the noise of household appliances
went along with my questions and the light.
When I came into this world, it was
as if nobody had come.
As if everything was complete.
And the first lesson was
that if I wanted to be here
I had to understand
nobody really gives a damn.

I was born into the crib of a class
that was enveloped in comfort,
work and the promise of gaining access
to a heaven with CCTV
and high-tech, to win a senatorial seat
and opine about who lives and who dies.
The family into which I was born was annihilated
for an ideal rating;
because I was born dead,
because the judgement of history
deduced that I came to serve as a slave.

Because I was born with a tendency to be bothered and
/I was not chosen.
My offering was agreed to on that distant night
with the endless children of death

sin carroza ni lecho, solo una cabeza
rodando, junto a su diminuto cadáver
en la fosa común de una parábola.

Porque nací aquella misma noche
que Herodes pisó los innúmeros
recién nacidos, igual que insectos.
Nací aquel mismo año en que los niños
de esta tierra fueron masacrados.
Germiné de la herida que en la garganta
de una niña maya dibujaron con su espadín
los capitanes que ordenan tus manos y las mías.

Igual nos enseñaron a reír del propio exterminio.

Nunca tuve amor incondicional.
Vine a la tierra a combatir en cada beso.
Cada gota vital que he derramado
es fulgor que no cabe en este poema.
Pero también aprendí que ese sabor único
que da la vida en la boca de cada caníbal,
cuando se comparte y abren su corazón
más de dos al mismo tiempo,
nos hace sentir solos de un modo tan profundo.

A eso es a lo que llaman estar acompañado.

without a chariot or bedding, only a rotating
head, along with a tiny cadaver
in the mass grave of a parable.

Because I was born the very same night
that Herod stomped on the countless
newborns, as if they were insects.
I was born the same year that the children
of this land were massacred.
I germinated from the wound in the throat
of a Mayan girl, a wound the captains drew
with their ceremonial sword,
the same captains who order my hands and yours.

Just like that they taught us to laugh at our own exterminations.

I never had an unconditional love.
I came here to earth to fight for every kiss.
Every vital drop that I have split
is a blaze that does not fit in this poem.
But I also learned that this unique taste
gives life to the mouth of every cannibal
when it is shared, and more than two of
their hearts are open at the same time,
and it makes us feel so alone in such a profound way.

That is what they call living together.

Yo también tuve muchas madres
y muchos padres. Los vi alejarse,
y a ellas nunca las vi llegar: siempre
una foto ajena en los ojos de mi padre.

Uno va aprendiendo a borrar
las fechas festivas en el calendario.
La navidad, el día de independencia,
a tachar el día de la revolución,
el de la paz; quitar de nuestro calendario
la bandera, arrancarle las hojas
al árbol festivo de un reloj que anuncia
la primavera o el agosto que no tuvimos;
a quitarnos la ropa del tiempo
que fuimos aparentando: descalzar
el cuerpo con el que andamos el mundo,
reconocer que nada está hecho
y saber que estamos solos
contra nosotros mismos.

Aprendemos a caminar
junto a los que caminan
          en contra de todo.
Y borramos nuestra fecha nacimiento.
Quemamos las hojas marchitas
          de ese otoño muerto.

Damos la bienvenida al invierno
y sacamos nuestros abre cartas
para desenvolver el corazón
de nuestros heraldos negros.

I also had many mothers
and many fathers. I saw them get away,
and I never saw the mothers coming: always
a distant photo in the eyes of my father.

One comes to learn how to erase
the holidays on the calendar.
Christmas, Independence Day,
cross out the day of the revolution,
the day of peace; throw out the flag
from our calendar, rip off the leaves
from the festive tree that keeps time and announces
the coming of spring or the August that we didn't have;
shed the clothes of time
that kept up our appearances: expose
the body with which we inhabit the world,
recognize that nothing is fact
and know that we are alone
against ourselves.

We learn to walk
alongside those who walk
        against everything.
And we erase our birthdate.
We burn the withered leaves
        from that dead autumn.

We welcome the winter,
and we pull out our letter openers
to untangle the heart
from our black harbingers.

A rescribir la vida se aprende
cuando descubres que los días
   no son nuestros.

La verdad te ayuda a entender
el porqué de una mentira.
A quitar un dique del mausoleo.
El año nuevo regresa
a su incertidumbre inicial
y nos pone ante la duda
de si lograremos cortar la cabeza
del año viejo, con el sable sabio,
o si el imperio de nuestras certezas
seguirá reinando cada ciclo
de un mismo año que cada vez
irá enmadejándonos más.

Tienes la vida prestada,
hasta que comienzas a construir
un calendario de festejos auténticos.
Tantos calendarios que conocer
y un infinito por construir.

Si eres incapaz de sentir tristeza
cuando tienes más que los otros,
la felicidad, por largo que sea el instante,
será un niño muerto entre tus manos.

Rewriting life is learning by heart
as you discover that the days
          are not ours.

The truth helps you understand
the "why" behind a lie.
It removes a brick from the mausoleum.
The new year returns
to its original uncertainty
and places us before the question
of whether we will succeed in cutting off the head
of the old year with a wise sword
or whether the empire of our certainties
will continue to reign each cycle
of the same year that ensnares us
more every time.

Your life is borrowed
until you start building
your own calendar of authentic holidays.
So many calendars to get to know
and an infinity to build.
If you are incapable of feeling sadness
when you have more than others,
happiness, however long the moment lasts,
will be a dead child between your hands.

Los salvajes siempre terminan por gobernar

Porque fueron destruidos y sobrevivieron.
Porque fueron aplastados
y aprendieron a vivir
escondidos entre la hierba.
Porque les rompieron los huesos
para que delataran a sus cómplices
y entonces clausuraron
las puertas de su cuerpo.
Porque a punta de masacres
aprendieron el arte de la guerra.

Los salvajes gobiernan
porque inventaron la civilización
para mejorar las condiciones
con las que ellos fueron deshechos.

Realizaron prisiones y campos de concentración
con todos los lujos para vencer con astucia,
para que los derrotados nunca se sintieran perdidos.

Son los más fuertes, los salvajes,
porque se enseñaron a no matar
a sus enemigos, a verlos sufrir
por el resto de sus vidas, mientras
pagan las deudas de sus ancestros;
a domesticarlos para humillarlos
en el servicio de lustrar botas con la idea
de que realizan un acto heroico:
a ser útiles para limpiar y ser jabón.

The Savages Always End Up Governing

Because they were destroyed and survived.
Because they were crushed
and learned how to live
hidden in the brush.
Because they broke bones
to rat out their henchmen
and then shut
the doors of their bodies.
Because on the verge of massacre,
they learned the art of war.

These savages govern
because they invented civilization
to improve the conditions
by which they were undone.

They built prisons and concentration camps
with all the luxuries to conquer cunningly,
to ensure that the defeated never felt doomed.

They are the strongest, the savages,
because they taught themselves not to kill
their enemies, to see them suffer
for the rest of their lives, while
they go on paying for the debts of their ancestors;
domesticate them to humiliate them
into the shoe-shining service with the idea
that they are performing a heroic act:
proving useful in cleaning and being soap.

Los salvajes construyeron esta pirámide como ciudad
sólo para distinguir a otros como ellos
que quisieran arrancarles la corona,
pero principalmente, porque les gusta
hacer creer a los más débiles, que son los más fuertes.

Porque los salvajes son los más fuertes
gobiernan el mundo con la mano en la cintura
mientras los gobernados se matan
por el puesto de terrateniente
o por un lugar en la rotonda de los siervos ilustres.

The savages constructed this pyramid as a city
just to distinguish themselves from others like them
who would have wanted to rip off their crowns,
but mainly because they like
to make the weakest believe they are the strongest.

Because the savages are the strongest,
they govern the world with a hand on their belt
while the governed kill themselves
for the position of the landowner
or for a seat at the rotunda of illustrious servants.

Dominio público

Bien se sabe que el amor es la barbarie.
Que tu casa es el odio y que todos
caminamos con el bien en contra.
A un lado, el amor y del otro, nosotros
los inconvenientes, los solos, los huraños
que le ponemos *pero* a todo.
Fríos, burlones, molestos,
irreconciliables, odiosos,
perfectos para la hoguera
incivilizados] *qué poca educación* [
monstruos de malos modales
hijos de Sócrates olmeca
venidos de quién sabe qué mazmorra
feos
bestias que mordemos la mano
de quien intenta meternos a trabajar
] honestamente [como albañiles,
jardineros o guardaespaldas
corazones negros y no rosas carmín
malhablados, malpensados
envidiosos porque no alcanzamos jaula de cristal
resentidos por "puro gusto"
inmunes al dolor
desconfiados
vengativos, incapaces de amar.
Niños héroes que nacimos muertos
porque ningún padre nos reconoció
y nuestra madre nos lanzó con los perros
para que aprendiéramos a ser hombres
bestias que aprendieron a sobrevivir
sobrevivientes que aprendieron a pelear

Public Domain

It is well-known that love is barbarity.
That your house is hatred and that we
all walk with good against us.
On the one hand, there is love, and, on the other, ourselves,
the inconvenienced, the lonely, the sullen
who put *but* before all else.
Cold, rowdy, annoyed,
irreconcilable, loathsome,
perfect for the uncivilized
home] *lacking in culture* [
monsters of bad manners
children of Olmec Socrates
coming up from who knows which dungeon
ugly
beasts who bite the hand
that tries to put us to work
] honestly [as masons,
gardeners or bodyguards
black hearts and not crimson roses,
foul-mouthed, dirty minds,
haters because we are not enough for a glass cage
resentful "just because"
immune to pain
suspicious
vindictive, incapable of love.
We children heroes are born dead
because no father claimed us,
and our mother threw us to the hounds
to teach us to be men,
beasts who learned to stay alive,
survivors who learned to fight

duros, insensibles al calor supremo.
Porque cuando un padre nos trató de recoger preferimos
/la vida,
y cuando una madre nos quiso levantar, preferimos
/la muerte.
Encabronados, inconformes que luchamos para vivir,
animales que desde muy pequeños aprendimos
que la única barbarie es el amor.

tough, numb to extreme heat.
Because when a father tried to pick us up, we preferred life,
and when a mother wanted to lift us up, we preferred death.
Pissed off, we nonconformists fight to live,
animals who from very early on learned
that the only barbarity is love.

No creo en princesas ni reinas

en reyes ni escuderos
en asesinos seriales
ni en naciones utópicas
no creo en consejos civiles
ni en revoluciones a posteriori
no creo en la tibia esperanza
ni en el placer de la venganza fría
no creo en los budas malditos
de telema ni en el llamado interior
no, no creo sino para construir.

A veces pienso en soluciones genéricas
pero el simple hecho de aplicarlas
sería equivalente a esperar
llegue algún día Quetzalcóatl.

Pinto la casa de un color nuevo
e invariable días después
vuelve a tornarse musgo gris.

Pero la amueblo, con telas la dibujo
a manera de umbral
ideograma para intercambiar
con antiguos amigos historias inútiles
de tiempos remotos.

Llegan los niños y nos escupen
su juventud en la cara
nos dan a guardar su polvo
mientras se van a jugar a la guerra
o a terminar la tesis para obtener

I Do Not Believe in Princesses or Queens

in kings or squires
in serial killers
or in utopian nations
i do not believe in civil councils
or in a posteriori revolutions
i do not believe in lukewarm hope
or in the pleasure of cold revenge
i do not believe the cursed buddhas
of thelema or in the inner calling
no, i do not believe but only in building.

Sometimes I think abaout generic solutions,
but the mere fact of implementing them
would be as useless as hoping
that one day Quetzalcoatl will come.

I paint the house a new color,
and inalterable days later
it goes back to mossy gray.

But I furnish it with fabrics, draw
and fashion the house as a doorstep,
an ideogram to exchange
pointless stories of the olden days
with old friends.

The children come and they spit
their youth in our faces,
and they give us dust to hold
while they go to play war
or finish their thesis to obtain

un lugar donde inventar
esas historias que no lograron hallar
entre los anales de las bibliotecas.

Existe un vacío en el que
cualquier cosa puede creerse
si uno no se ha puesto a prueba.

Pero pero

Porque no creo en ti, sé *que* existes
fenómeno o hallazgo
tú que puedes leerme
sé a ciencia cierta que tú existes.

a place where they make up
those stories that they fail to find
among the annals of the libraries.

There is a void where
anything can be certain
if one has not yet been tested.

But but

Because I do not believe in you, I know *that* you exist,
phenomenon or discovery;
you who can read me
I know for certain that you exist.

Un agradecimiento especial para Danielle Krieger, por su ayuda al proceso de traducción.

A special thanks for Danielle Krieger and her comments in the translation process.

Andrés Cisnegro, pseudónimo de Andrés Cisneros de la Cruz. Ciudad de México, 1979. Poeta, ensayista y editor. Estudió Letras Hispánicas en la UNAM y Comunicación Social en la UAM. Ha sido incluido en más de cincuenta antologías. Fundador del Debate Abierto de Crítica Poética, creador del Torneo de Poesía Adversario en el cuadrilátero, los Miércoles Itinerantes de Poesía y el Premio Latinoamericano de Poesía Transgresora. Colaborador del programa Luces de la ciudad (en la Hora Nacional) y Radio Etiopía. En 2013 participó en el ciclo de Poesía en Voz Alta. En 2017 realizó la Caravana Nacional de Poesía Colmillos de Musgo, que recorrió en 90 días tres localidades por cada uno de los 32 estados de la República Mexicana, documentando movimientos independientes de poesía. Ha impartido talleres de poesía en el IPN, UIA y en espacios comunitarios. Como periodista fue parte de la mesa de redacción de *El Universal* y *El Independiente*, y colaborador de la revista *Bucareli 8* y *Chilango*, así como investigador de poesía especializada, para la Gran Fiesta Internacional Ajedrez, UNAM 2012.

Le fue concedido en 2016 el reconocimiento Prometeo Sur (Premio al Fomento de la Cultura, la Ciencia y el Arte), así como el reconocimiento a la trayectoria literaria por parte de la Sociedad de Geografía y Estadística del Estado de México y las Casas del Poeta A. C. en 2019. Segundo lugar en el Certamen Internacional Relámpago de Poesía Bernardo Ruiz, 2008; mención honorífica en el Concurso Nacional de Poesía El Laberinto, 2004, y en el Concurso Nacional de Poesía Jaime Sabines, 1999. Segundo lugar en Premio Nacional de Poesía Temática Tinta Nueva 2011.

Quince de sus libros publicados están reunidos en *Camisa de once varas* (Blanco Móvil, 2020).

Cofundador de *Verso Destierro* y editor online de *Blanco Móvil* (2015-2019). Ha colaborado en suplementos y revistas de México, Argentina, Portugal, Venezuela, Nicaragua, Chile y España. Su poesía ha sido traducida al náhuatl, inglés y al portugués. Actualmente es editor online de la revista *Blanco Móvil* y operador del proyecto múltiple Cisnegro. Lectores de alto riesgo y cátodo editorial de La Piraña.

Andrés Cisnegro, pseudonym of Andrés Cisneros de la Cruz. Mexico City, 1979. Poet, essayist and editor. He studied Spanish Letters at UNAM (National Autonomous University of Mexico) and Social Communication at UAM (Metropolitan Autonomous University). He has been included in more than fifty anthologies. He is the founder of the Debate Abierto de Crítica Poética, creator of the Torneo de Poesía Adversario in the quadrilateral, the Miércoles Itinerantes de Poesía and the Premio Latinoamericano de Poesía Transgresora. Collaborator of the program la Hora Nacional and Radio Etiopía. In 2013 he participated in the poetry cycle Poesía en Voz Alta. In 2017 he carried out the Caravana Nacional de Poesía Colmillos de Musgo, which happened for 90 days in three locations in each of the 32 states of the Mexican Republic, documenting independent movements of poetry. He has taught poetry workshops in IPN (Instituto Politécnico Nacional), UIA (Universidad Iberoamericana) and in community spaces. As a journalist, he was part of the editorial board of El Universal and El Independiente, and he was a collaborator for the magazines Bucareli 8 and Chilango as well as being a researcher of specialized poetry, for the Gran Fiesta Internacional Ajedrez, UNAM 2012.

He was awarded in 2016 the recognition Prometeo Sur (Premio al Fomento de la Cultura, la Ciencia y el Arte) as well as recognition for his literary career by Sociedad de Geografía y Estadística del Estado de México and the Casas del Poeta A. C. in 2019. Second place in the Certamen Internacional Relámpago de Poesía Bernardo Ruiz, 2008; honorable mention in the Concurso Nacional de Poesía El Laberinto, 2004, and in the Concurso Nacional de Poesía Jaime Sabines, 1999. Second place in the Premio Nacional de Poesía Temática Tinta Nueva 2011. Fifteen of his published books are gathered in *Camisa de once varas* (Blanco Móvil, 2020).

Co-founder of *Verso Destierro* and online editor of *Blanco Móvil* (2015-2019). He has collaborated in supplements and magazines in Mexico, Argentina, Portugal, Venezuela, Nicaragua, Chile and Spain. His poetry has been translated into Nahuatl, English and Portuguese. He is currently an online editor of the magazine *Blanco Móvil* and operator of the multi-project Cisnegro. High-risk readers and editorial cathode of La Piraña.

Christopher Perkins es escritor y traductor de poesía. Actualmente, vive en Las Vegas, NV, U.S. y enseña literatura, escritura creativa y escritura de ensayos para la University of Nevada Las Vegas (UNLV). Ha traducido poemas de la lengua francesa y española al inglés. Posee una Maestría en Bellas Artes en Escritura Creativa con énfasis en poesía y literatura internacional.

Christopher Perkins is a writer and translator of poetry. He currently lives in Las Vegas, NV, U.S. and teaches literature, creative writing, and essay writing for the University of Nevada Las Vegas (UNLV). He has translated poems from French and Spanish into English. He holds a Master of Fine Arts (MFA) in Creative Writing with an emphasis in poetry and international literature.